PROJET DE PAQUETAGE

ET

PROJET DE GARNITURE

DE TÊTE

POUR LES CHEVAUX DE L'ARTILLERIE

PAR

A. THOUVENIN

CAPITAINE D'ARTILLERIE

Extrait de la *Revue d'artillerie*. — Août 1887.

PARIS

BERGER-LEVRAULT & Cie, LIBRAIRES-ÉDITEURS

5, rue des Beaux-Arts

MÊME MAISON A NANCY

1887

PROJET DE PAQUETAGE

ET

PROJET DE GARNITURE

DE TÊTE

POUR LES CHEVAUX DE L'ARTILLERIE

PAR

A. THOUVENIN

CAPITAINE D'ARTILLERIE

Extrait de la *Revue d'artillerie.* — Août 1887.

PARIS

BERGER-LEVRAULT & Cᵉ, LIBRAIRES-ÉDITEURS

5, rue des Beaux-Arts

MÊME MAISON A NANCY

1887

PROJET DE PAQUETAGE

ET

PROJET DE GARNITURE DE TÊTE

POUR

LES CHEVAUX DE L'ARTILLERIE.

Projet de paquetage.

Les chevaux de selle et les porteurs de l'artillerie sont trop chargés ; c'est là un fait universellement admis, et l'on cherche actuellement à reporter sur le sous-verge une partie du poids porté par les chevaux montés.

Notre projet de paquetage est fondé sur le même principe ; nous avons essayé en outre d'imaginer un système dans lequel une bonne répartition de la charge n'ait pas seulement pour effet de bien partager entre les chevaux le poids porté, mais encore de faciliter à l'homme la libre disposition des objets dont il a besoin, et de réduire les difficultés et les longueurs du paquetage.

En général, l'avoine doit être chargée sur les voitures ; ce n'est qu'exceptionnellement qu'on en transportera une journée sur les animaux, et, dans ce cas, nous proposons d'en faire porter par le sous-verge trois rations, dont une pour un cheval de selle.

Nous supprimons le bissac, le porte-manteau et la besace, qui ont de nombreux inconvénients. Le bissac, de couleur blanche, est visible de très loin quand il est placé sur des chevaux de robe sombre ; son entretien est difficile ; enfin, quand il est rempli, il paralyse l'action de la jambe du cavalier. Le porte-manteau et la besace contiennent des objets indispensables au canonnier dès son arrivée au gîte ; l'homme est donc forcé de les défaire complètement tous les jours et de les refaire ensuite. Cette dernière opération est longue et assez difficile, d'où résulte un retard considérable si l'on ne s'occupe de ce soin que le matin au moment du départ, ou la privation d'une foule d'objets utiles, si l'on se décide à *repaqueter* dans la soirée.

Nous abandonnons aussi les poches à fer, dont le contenu trouve sa place, avec les autres effets du canonnier, dans les *sacoches mobiles* par lesquelles nous remplaçons les différents récipients du paquetage actuel.

Ces sacoches, en toile chinée imperméable, réunies par un galbe en cuir, sont fixées sur un chapelet également en cuir ; elles se ferment au moyen de recouvrements de sacoche, portant chacun un contre-sanglon qui s'engage dans une boucle cousue sur le soufflet de la sacoche. Dans l'intérieur de chaque sacoche est accroché un porte-fer mobile, au moyen de deux agrafes et de deux petites courroies.

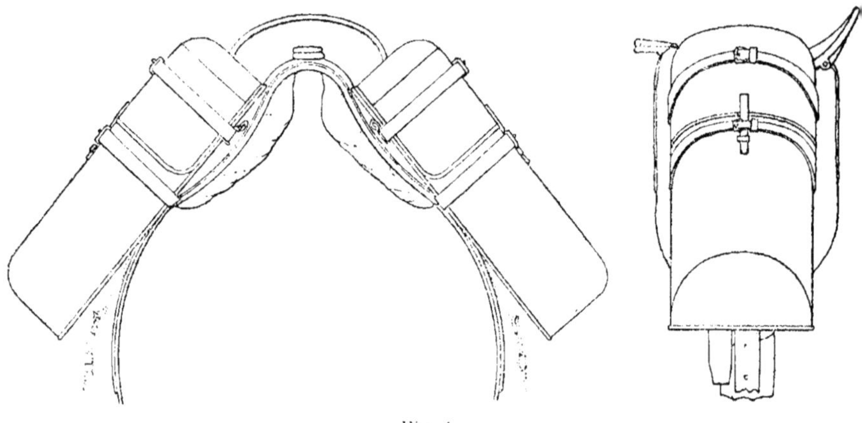

Fig. 1.

Il y a deux modèles de sacoches, l'un destiné aux sous-verges, l'autre aux chevaux de selle. Ce dernier type ne diffère du prémier que par des dimensions un peu moindres, et par le remplacement du galbe en cuir par deux courroies de suspension.

Les sacoches de sous-verge (fig. 1) reposent sur la sellette, dont les crampons ont été légèrement déplacés. Deux mortaises pratiquées dans les quartiers, à hauteur du bas des panneaux, reçoivent les courroies inférieures des sacoches (¹).

Les sacoches du cheval de selle (fig. 2) reposent sur les pointes ; chacune d'elles est reliée à la selle au moyen d'une enchapure fixée au chapelet, et s'engageant dans une mortaise pratiquée dans le quartier de la selle.

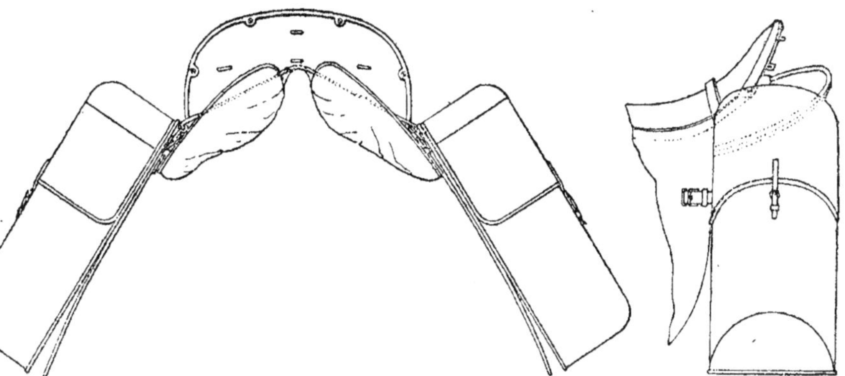

Fig. 2.

L'usage de ces sacoches mobiles permettrait de répartir ainsi qu'il suit la charge de campagne des chevaux de l'artillerie.

Cheval de selle. — Le manteau roulé est placé en avant des petites sacoches en cuir (²), le sac par-dessus le manteau. La charge de derrière ne comprend que les sacoches

(¹) Nous proposons de munir d'un feutre la boucle de la sous-ventrière de sellette dont le contact direct avec l'animal occasionne de fréquentes blessures.

(²) Le manteau placé en avant des sacoches n'élève pas trop la main de bride, s'il est convenablement plié. Il a l'avantage de protéger la cuisse et le genou de l'homme, en cas de chute du cheval, et peut préserver le cavalier de graves blessures au ventre.

mobiles, dans lesquelles trouvent place tous les objets non renfermés dans les sacoches en cuir.

Porteur. — Charge de devant : le manteau et le sac en avant des sacoches en cuir, qui renferment, celle de gauche, 1 paire de bottines, 1 musette-mangeoire et une corde à fourrage (poids $2^{kg},475$), celle de droite, 1 musette de pansage complète, 1 bourgeron, 1 musette-mangeoire, 2 surfaix, 1 licol en corde (poids $2^{kg},350$). Il n'y a pas de charge de derrière.

Sous-verge. — Paire de sacoches mobiles renfermant tous les effets qui ne sont pas dans le paquetage du porteur ; la sacoche gauche contient les objets de lingerie et 3 fers à cheval (poids total $4^{kg},490$) ; dans la sacoche droite se trouvent 1 boîte de conserves, les petits vivres, 1 kg de biscuit, 1 fer, 32 clous et la musette de propreté (poids total $4^{kg},475$, y compris le seau en toile maintenu à l'extérieur de la sacoche par les courroies de charge). Le poids des sacoches vides est de $1^{kg},425$.

Lorsque l'équilibre de la charge est détruit par la consommation d'une partie des vivres, on le rétablit en faisant passer des fers et des clous d'une sacoche à l'autre.

Exceptionnellement, on peut transporter sur le sous-verge trois rations d'avoine renfermées dans le sac à avoine. Celui-ci est arrimé sur la sellette au moyen de la corde à fourrage ou de deux courroies s'engageant dans quatre anneaux de brêlage fixés aux crampons de charge.

La gamelle individuelle est attachée sur la sellette, le couvercle en dessus.

L'homme porte sur lui, en bandoulière, l'étui-musette renfermant les vivres qui n'ont pas trouvé place dans les sacoches mobiles.

Il est avantageux de faire porter par les voitures les ustensiles de campement ; mais, en cas de besoin,

on pourrait placer ces objets sur la sellette du sous-
verge.

Le paquetage de route ne diffère du paquetage de campagne que par la nature et le nombre des objets transportés
dans les sacoches mobiles. Le manteau et le sac à avoine
sont généralement placés sur la sellette, la gamelle par-
dessus (fig. 3).

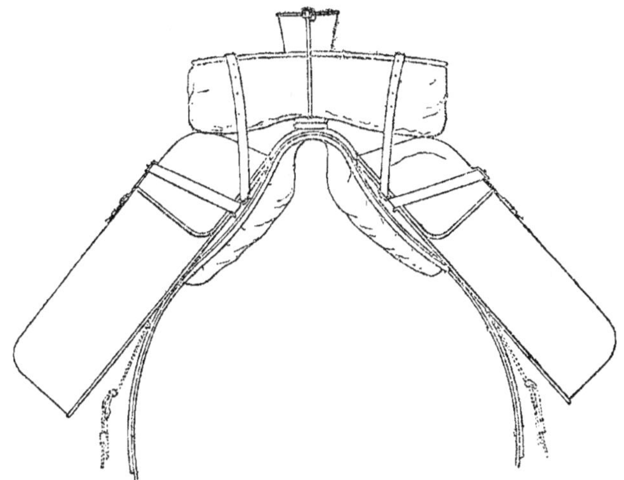

Fig. 3.

L'adoption des sacoches mobiles, tout en permettant de
décharger considérablement le porteur, aurait l'avantage
de donner à l'homme la facilité d'avoir sous la main, au
gîte, tout ce qui lui est nécessaire; il lui suffirait, pour
cela, d'emporter avec lui ses sacoches qui peuvent être
enlevées et replacées en peu d'instants.

Les transformations à effectuer au harnachement existant
seraient insignifiantes. Quant au harnachement neuf, son
prix de revient serait notablement diminué. La compa-
raison du prix d'une selle complète, avec bissac, besace et
porte-manteau, et du prix de la selle avec sacoches mobiles,
montre que notre solution réaliserait une économie de

10 fr 55 c pour le harnachement du cheval de selle. Pour un attelage, l'économie s'élèverait à 27 fr (¹).

Projet de garniture de tête.

La bride actuellement en service présente, à notre avis, plusieurs inconvénients, dont les plus saillants sont d'exiger un appareil spécial d'attache des chevaux et de ne pas assurer une bonne position du mors dans la bouche de l'animal. Le premier défaut ne laisse pas que d'être assez grave en campagne ; le second peut occasionner pour le cheval une certaine souffrance, se traduisant par de la raideur, des efforts inutiles, la lourdeur de la tête, et finalement une usure prématurée de l'avant-main.

Nous proposons de remplacer toutes les garnitures de tête mod. 1874, bride, bridon, licol, collier d'attache, par l'un des deux modèles ci-après décrits. Un de ces modèles permettrait d'utiliser le mors actuel, tout en garantissant la bonne position du canon sur les barres ; l'autre est conçu en vue de l'emploi d'un mors *parleur*, c'est-à-dire d'un mors que le cheval serait amené à mâcher constamment, en restant toujours sensible et obéissant aux moindres actions des rênes.

Notre premier type de garniture de tête présente cer-

(¹) Prix des accessoires de harnachement utilisés pour le paquetage actuel :

Chevaux de selle et porteur	1 bissac	7ᶠ,00ᶜ
	1 porte-manteau	9 ,50
	3 courroies de porte-manteau	2 ,10
	1 besace	0 ,95
	Total	19ᶠ,55ᶜ
Sous-verge	1 bissac	7ᶠ,00ᶜ
	1 poche à fers	8 ,00
	2 courroies de charge de poche à fers	1 ,40
	Total	16ᶠ,40ᶜ

Prix des accessoires de harnachement du paquetage proposé :

1 paire de sacoches mobiles avec 4 courroies de charge et 2 porte-fers mobiles	8ᶠ,50ᶜ
Modification de la sellette	0 ,50
Total	9ᶠ,00ᶜ

taines analogies avec la bride mod. 1861. Elle se com-
pose (fig. 4) d'un licol dont les deux montants, après avoir

Fig. 4.

traversé les fleurons (fig. 5) et les passes du frontal, se
recouvrent l'un l'autre pour former le dessus de tête et

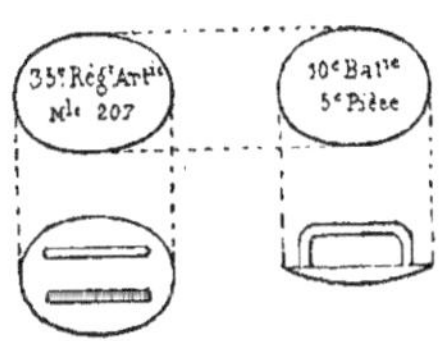

Fig. 5.

se prolongent ensuite du côté opposé pour constituer le boucleteau et le contre-sanglon de sous-gorge. La partie postérieure de la sous-barbe est réunie à la sous-gorge par une alliance et est munie d'un dé dans lequel s'engage, à la manière ordinaire, une des extrémités de la chaîne d'attache.

Quand on veut conduire le cheval en bridon, il n'y a qu'à ajuster à ce licol le mors de filet actuel de la même manière qu'on le fixe à la bride réglementaire.

Le mors de bride est porté par deux montants sans frontal ni sous-gorge, par l'intermédiaire de deux porte-mors en cuir roulé et cousu en forme de jonc ; cette disposition rend la liaison du mors et de la bride plus souple et évite la torsion du cuir dans les mouvements de bascule du mors. Le montant de gauche, plus long que l'autre, forme le dessus de tête et se termine par un contre-sanglon qui, à l'aide d'une boucle portée par le montant de droite, permet d'ajuster la bride. Le dessus de tête de la bride est réuni au dessus de tête du licol par une passe coulante.

La garniture de tête ainsi constituée permet, par l'addition ou l'enlèvement de certaines parties, d'avoir à volonté un cheval prêt à être attaché ou à être monté en bridon ou en bride. Le mors de bride reste forcément horizontal dans la bouche de l'animal, grâce à la mobilité des montants qui glissent dans la passe coulante du dessus de tête.

Il est à remarquer aussi que, vu le petit nombre de boucles, le cuir n'est percé que de très peu de trous, ce qui lui assure un long usage.

Mais le mors réglementaire, même utilisé de la façon que nous venons d'indiquer, n'est pas *parleur*; une fois ajusté, il n'a plus dans la bouche du cheval le jeu désirable et nécessaire pour atténuer l'action dure de la bride, tout en rendant le cheval plus obéissant à ses indications.

Fig. 6.

C'est pour réaliser ce dernier perfectionnement que nous proposons notre deuxième garniture de tête (fig. 6),

encore plus simple que la première, dont elle ne diffère
que par le mode d'attache et la nature du mors, qui est
accroché directement aux montants du licol par l'intermédiaire d'anneaux porte-mors. Ces anneaux sont de modèles différents suivant le type de mors que l'on adopte.
Supposons que l'on emploie le mors représenté fig. 7,
qui ressemble au mors mod. 1874 dans toutes ses parties,
sauf que l'œil de la partie supérieure des branches présente une forme ovale, allongée dans le sens même des

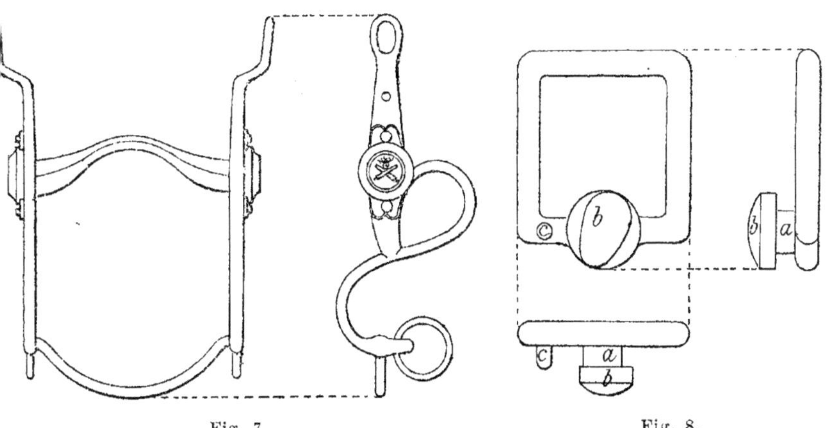

Fig. 7.   Fig. 8.

branches. L'anneau porte-mors (fig. 8) présente un tenon *a*, surmonté d'une tête ovale *b*, excentrique par rap-

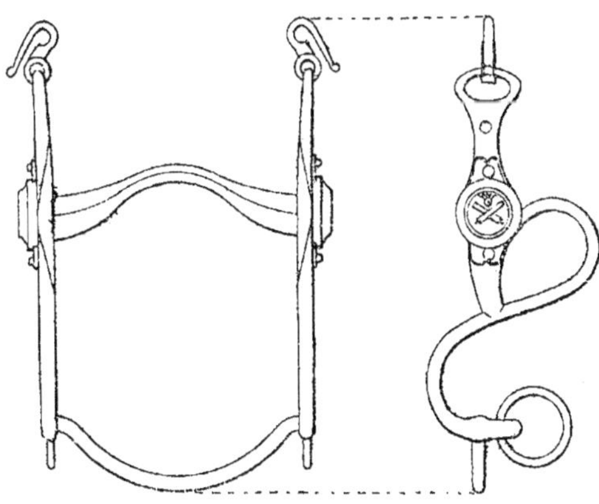

Fig. 9.

port au tenon. Cette tête s'engage dans l'œil ovale de la branche du mors, qui vient reposer sur le tenon, sans plus pouvoir s'échapper accidentellement. Le mors garde un jeu représenté par la différence entre l'épaisseur du tenon et le plus grand diamètre de l'œil. Un piton *c* limite les déplacements de la partie supérieure du mors vers l'avant.

Si l'on se sert d'un mors à crochets (fig. 9) ou du mors russe modifié représenté par la figure 10 (¹), le porte-mors (fig. 11) sera un simple anneau carré, avec un pan coupé *a*

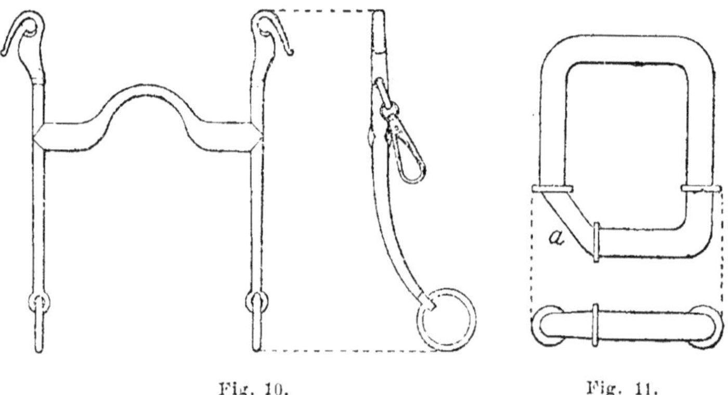

Fig. 10.   Fig. 11.

à l'angle antérieur, limitant les déplacements du mors vers l'avant. Ici, le jeu du mors est représenté par le jeu du crochet, d'une part dans l'anneau, d'autre part dans l'œil de la branche du mors.

On peut enfin faire usage d'un mors analogue au mors russe, mais muni d'un œil ovale à la partie supérieure des branches au lieu de porter des crochets (fig. 12); on emploiera alors (fig. 13) un anneau porte-mors analogue à celui de la figure 8.

Tous ces systèmes empêchent le cheval de saisir les branches du mors avec les lèvres ou d'en prendre le canon avec les dents. Le jeu laissé au mors invite le cheval

à le mâcher constamment et évite toute action trop brusque.
Le cheval devient *parleur*.

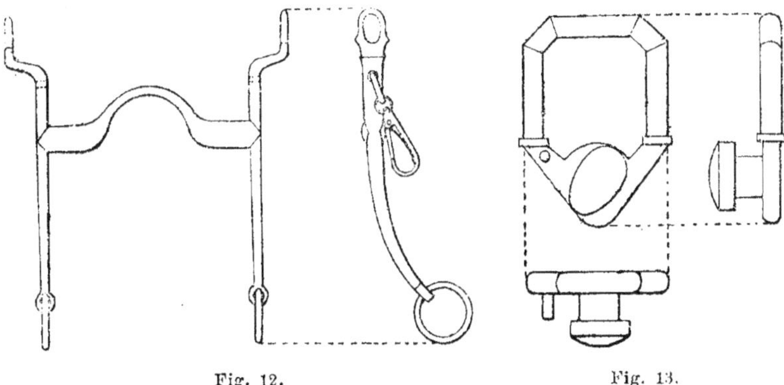

Fig. 12.   Fig. 13.

Dans la conduite en guides, nous recommandons, pour
les mêmes raisons, les *mors à pompe* en usage dans les
écuries civiles, modifiés au besoin de façon à s'adapter à
notre second modèle de garniture de tête.

Si l'on adoptait l'un de nos types de brides, il faudrait
parer aux accidents qui pourraient survenir à la garniture
de tête *unique* que posséderait chaque cheval. Il suffirait,
pour cela, que l'ouvrier bourrelier possédât une caisse
d'outils, d'approvisionnement et de rechanges analogue
aux caisses des autres ouvriers de batterie.

Nos propositions relatives aux garnitures de tête per-
mettraient de réaliser, sur les modèles actuels, une économie de 30 fr 80 c pour le cheval de selle et le porteur,
et de 27 fr 65 c pour le sous-verge.

Nous voudrions enfin voir adopter un cure-pied articulé
à l'extrémité du manche du fouet de conducteur. Cette
modification serait peu coûteuse et l'utilité en est évi-
dente.

Nancy, imp. Berger-Levrault et Cie